I Mirabelle, a ofynnodd y cwestiynau
a ysbrydolodd y llyfr. MB

I'm broga bach gwanwynol. MM

Broga Bach Heglog
Cyhoeddwyd yn 2023 gan Graffeg Cyf.

ISBN 9781802584752

Addasiad gan Anwen Pierce.

Mae cofnod catalog CIP ar gyfer y llyfr hwn ar gael o'r Llyfrgell Brydeinig.

Adnoddau Dysgu
www.graffeg.com/pages/teachers-resources

1 2 3 4 5 6 7 8 9

FSC
www.fsc.org
MIX
Paper from responsible sources
FSC® C014138

Broga Bach Heglog

Ysgrifennwyd gan Marielle Bayliss
Lluniau gan Mariela Malova

GRAFFEG bach

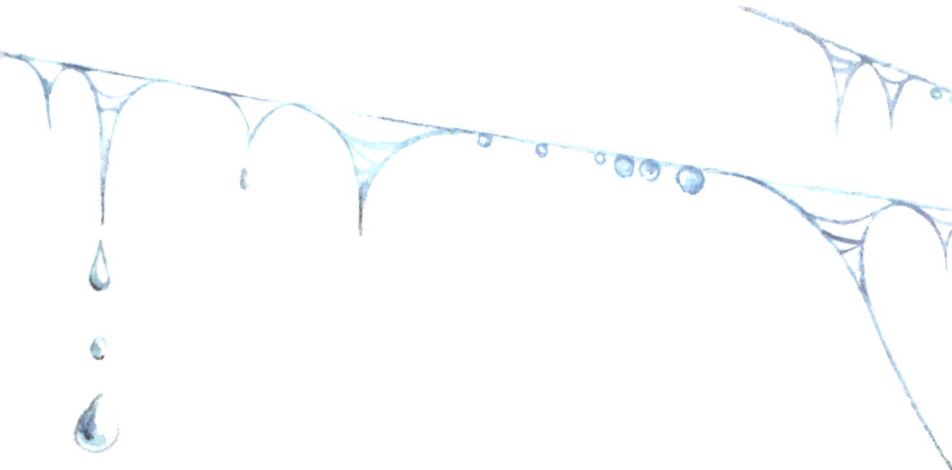

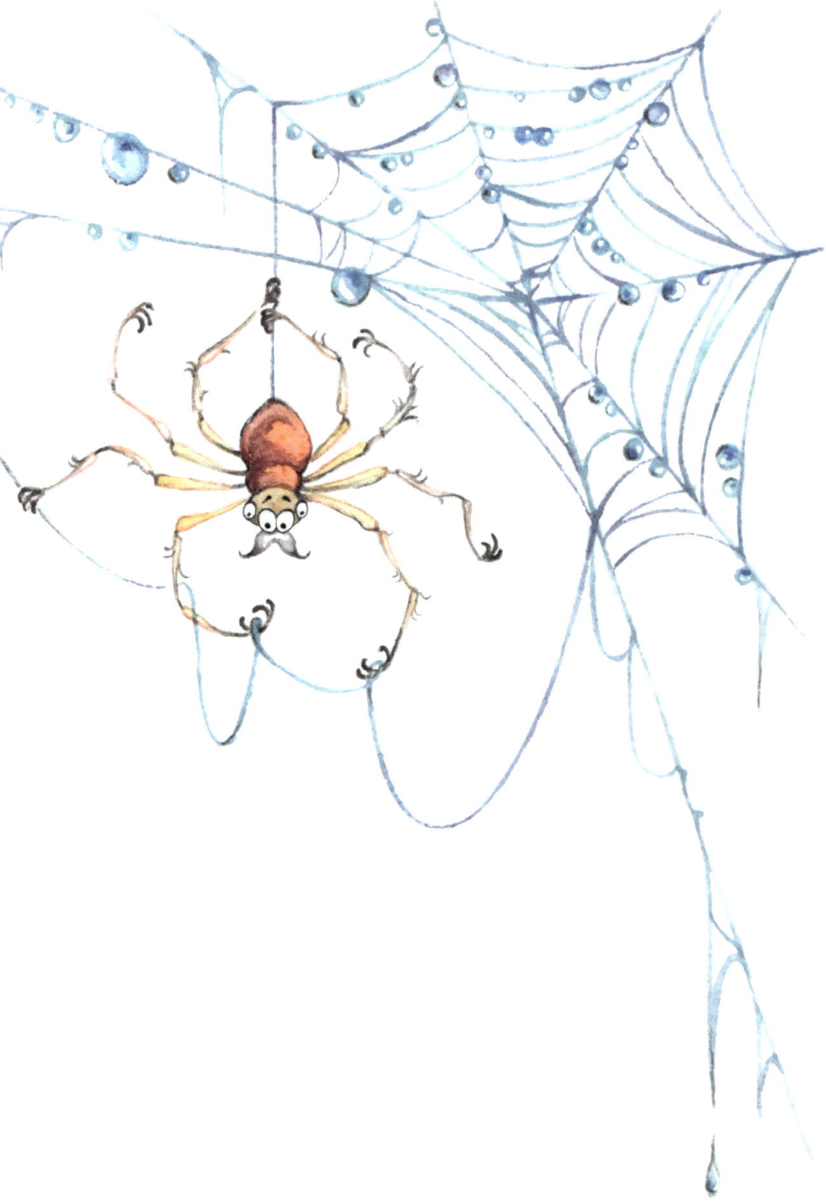

Broga bach heglog
ar ganol pwll corsiog
sy'n deffro, â "crawc crawc" reit hynod.

Ei ddwy goes sy'n ymestyn
dan we y pry copyn.
Am ddechrau mor braf i'w ddiwrnod!

OND ...

I mewn neidia Llwynog,
un browngoch mawr, blewog,
gan wlychu Broga bach, druan!

Bant â Llwynog, heb sylwi
ar Broga'n diferu ...
"Do'n i ddim am nofiad mor fuan!"

Broga bach heglog
ar ddeilen werdd frwynog,
sy'n frwd am gael pryfyn i'w ginio.

Tafod sy'n llyfu,
Dau lygad sy'n syllu
wrth weld y pry tew'n hedfan heibio.

OND …

Gwas y neidr ddaw'n glou,
pob pryfyn sy'n ffoi …
does dim byd blasus i ginio!

Broga ar ddeilen lili
a'i dafod wedi'i glymu.
Ni ddaw yr un crawc ohono!

Broga bach heglog
mewn ffos un pnawn heulog
yn gwylio ambell i gwmwl.

Daw breuddwyd fwyn, braf
dan heulwen yr haf,
heb ddim yn ei boeni o gwbwl.

OND...

Glas y dorlan a ddaw,
y pysgod sy'n cael braw
a'r cwch pren coch sy'n dymchwel.

Tasga'r pysgod ar hast,
Broga bach ddalia'r mast ...
I ble aeth ei bnawn llonydd, tawel?

Broga bach heglog
sy'n clywed brân bluog
a mwyalchen, a'u cân hyfryd, hwyrol.

O dan y coed deiliog
crawcia Broga bach heglog
yn gryf ... er nad yw yn swynol.

OND ...

Wrth grawcian yn fodlon
un o'i hoff ganeuon
daw Cnocell i eistedd ar gangen.

Fe gura ac fe gnocia,
syrthia'r brigau ar Broga –
rhaid iddo ddianc fel mellten.

Broga bach heglog
mewn nant oer fyrlymog
sydd wedi hen ddigalonni.

"Aeth popeth o'i le,
ches i ddim cinio na the,
ac mae'r garreg 'ma'n oer dan fy mol i!"

ONND ...

Yr holl wenyn a'r adar
a chreaduriaid y ddaear
wnaeth glywed Broga a'i gri.

"Er mai damwain oedd y cwbwl,
mae ein ffrind bach mewn trwbwl,
a dymar hyn a wnawn ni."

Felly ...

Drwy gydweithio yn gymen
a gwe, deilen a phluen,
codwyd hamog mawr clyd yn y goedlan!

Pryfed tân sy'n goleuo,
y gwenyn sy'n suo
a Mwyalchen sy'n canu yn ddiddan.

Daw Brân â'i holl falwod,
a Cnocell â mwydod,
a Glas y Dorlan â dail i'r hafan!

Daw Llwynog â sgarff goch
rhag y gwynt miniog, croch.
Nawr Broga sy'n gwenu a chrawcian.

A phob nos maen nhw'n dathlu
eu bod yn un cwmni
yn eu hafan gynnes glyd,

gyda Broga bach heglog
ar ganol pwll corsiog –
hwn yw'r llecyn gorau'n y byd!

Y Diwedd

Geirfa Dyfrllyd

Cors – tir gwlyb sydd wedi'i orchuddio â blanced feddal o fwsog a phlanhigion eraill sy'n hoffi tir corsiog. Mae gan y DU dros 8,000 milltir sgwâr o gorsydd, ac mae rhai dros 10,000 o flynyddoedd oed! Mae sawl cors yn Nghymru, gan gynnwys Cors Caron, Cors Fochno a'r Mignaint.

Pwll – ardal fach o ddŵr croyw. Gall pwll fod yn un naturiol neu'n un wedi'i greu. Fel arfer nid yw'n fwy na 6 neu 7 troedfedd o ddyfnder, fel bod modd i olau naturiol gyrraedd y planhigion sy'n tyfu dan wyneb y dŵr.

Ffos – cwter fawr wedi'i chreu, sydd weithiau'n sych neu weithiau'n llawn dŵr, i'w gweld o amgylch castell neu dref gyda phont godi i'w chroesi. Mae Broga mewn ffos ger y castell yn y stori hon, yn ei gwch bach.

Nant – dŵr sy'n llifo'n ddi-dor drwy sianel y gellir ei chroesi. Mae nant yn aml yn ymuno ag afon.

Broga – enw arall ar froga yw llyffant, ac mae dwy rywogaeth gyffredin yng Nghymru. Mae gan y broga gorff byr, llygaid mawr, tafod hir a choesau ôl hir, fel y creadur yn y stori. Mae'r broga'n hoffi byw mewn man llaith fel cors, pwll neu nant.